BEI GRIN MACHT SICH IHR WISSEN BEZAHLT

- Wir veröffentlichen Ihre Hausarbeit, Bachelor- und Masterarbeit

- Ihr eigenes eBook und Buch - weltweit in allen wichtigen Shops

- Verdienen Sie an jedem Verkauf

Jetzt bei www.GRIN.com hochladen und kostenlos publizieren

GRIN

Franziska Riedel

Klausurvorbereitung. Geschichte Japans von den Anfängen bis zum Zweiten Weltkrieg

GRIN Verlag

Bibliografische Information der Deutschen Nationalbibliothek:

Die Deutsche Bibliothek verzeichnet diese Publikation in der Deutschen National-
bibliografie; detaillierte bibliografische Daten sind im Internet über http://dnb.d-
nb.de/ abrufbar.

Impressum:

Copyright © 2012 GRIN Verlag GmbH
Druck und Bindung: Books on Demand GmbH, Norderstedt Germany
ISBN: 978-3-656-70917-6

Dieses Buch bei GRIN:

http://www.grin.com/de/e-book/277803/klausurvorbereitung-geschichte-japans-
von-den-anfaengen-bis-zum-zweiten

GRIN - Your knowledge has value

Der GRIN Verlag publiziert seit 1998 wissenschaftliche Arbeiten von Studenten, Hochschullehrern und anderen Akademikern als eBook und gedrucktes Buch. Die Verlagswebsite www.grin.com ist die ideale Plattform zur Veröffentlichung von Hausarbeiten, Abschlussarbeiten, wissenschaftlichen Aufsätzen, Dissertationen und Fachbüchern.

Besuchen Sie uns im Internet:

http://www.grin.com/

http://www.facebook.com/grincom

http://www.twitter.com/grin_com

Geschichte Japans

Periodisierung:

Jōmon jidai	ca. 7000 v. Chr.	Nach Schnurmustern benannt
Yayoi jidai	ca. 300 v. Chr.	Benennung nach Ausgrabungsort
Kofun jidai	ca. 300	Entstehung großer Grabhügel
Yamato jidai	ca. 350	Gründung der Yamato-Hegemonie
Asuka jidai	592	Thronbesteigung der Kaiserin Suiko
Nara jidai	710	Vollendung der Hauptstadt Heijo (Nara)
Heian jidai	794	Vollendung der Hauptstadt Heian (Kyôto)
Rokuhara jidai	1167	Taira no Kiyomori wird Großkanzler
Kamakura jidai	1185	Sieg der Minamoto über die Taira
Namboku jidai	1334	Versuch einer Restauration durch Kaiser Godaigo
Muromachi jidai	1392	Vereinigung der beiden kaiserlichen Höfe durch Ashikaga Yoshimitsu
Sengoku jidai	1467	Beginn des *Ōnin*-Krieges
Azuchi jidai	1568	Oda Nobunaga besetzt Kyôto
Momoyama jidai	1582	Toyotomi Hideyoshi folgt Oda nach
Edo jidai	1600	Tokugawa Ieyasu siegt in der Schlacht bei Sekigahara
Meiji jidai	1868	Meiji-Restauration, „Herrschaft" des Meiji-Kaisers
Taishō jidai	1912	Taishô Tennô folgt dem Meiji- Kaiser
Shōwa jidai	1926	Shôwa Tennô folgt dem Taishô-Kaiser
Heisei jidai	1989	Heisei Tennô folgt dem Shôwa-Kaiser

- *Genshi* – Primitiv bis 250 v. Chr.
- *Kodai* – Antike 300
- *Chūsei* – Mittelalter 1192
- *Kinsei* – Frühmoderne 1568
- *Kindai* – Moderne 1853/1867
- *Gendai* – Zeitgeschichte 1945

Paläolithikum (Altsteinzeit):
- erstes menschliches Leben in Japan vor 35 000 Jahren
- bis 20 000 v. Chr. Landrückenverbindung mit dem asiatischen Festland
- Fischer, Jäger und Sammler
- keine Eisengeräte, keine Schrift, kaum soziale Differenzierung, keine herrschende Schicht
- Forschungsgrundlage: Steingeräte

Herkunft der Japaner:
- heutiges Verständnis: **Doppelstrukturmodell**
→ Jōmon: „proto-mongolide" Einwanderer aus dem Süden, Yayoi: „neo-mongolide" Einwanderer
- Ergebnis: Kofun: Mischung der Populationen auf Hauptinsel Honshū
- heutige Japaner: vor allem Merkmale der Yayoi-Einwanderer, je nach Region Jōmon-Beimischung
→ Belege durch Schädelknochen, Zähne und DNA-Tests
- unzureichende Belege über Sprache und Kultur

Jōmon jidai (7000 v. Chr.):
- ca. 5000 v. Chr. Tontöpfe mit Schnurmustern verziert (*jōmon* = Schnurmuster)
- Abfolge keramischer Kulturen
- Sammlerkultur, Stein- und Knochengeräte, Muschelhaufen (Abfallhaufen, „Mülldeponie" mit durch Kalk gut konservierten Lebensmittelüberresten von Wild, Fischen und Krustentieren)
- kein Ackerbau, Ernährung allein durch Sammeln und Jagen
- Sesshaftigkeit, Hüttenbehausungen, kleine Siedlungen

Yayoi jidai (300 v. Chr.):
- neue Einwanderer: Nassfeldreisbau, Bronze-/ Eisengegenstände (rituellen Verwendung), Töpferscheibe
- Siedlungen mit dicht aneinander stehenden Hütten aus Lehmboden, Holz und Stroh
- Kultur kommt verzögert nach Japan (Metallwerkzeuge z.B. 2-3 Jh. später als in Korea und China)
- angebliche stufenlose Veränderung (Kontinuität) ideologisch bedeutungsvoll
  - → Grundlage für den ersten historischen Staat in der Yamato-Ebene (350-400)
  - → „Vorfahr" der japanischen Kultur (politische Organisation, Religion, Sozialstruktur usw.)
- **Yamatai-Königreiche:** - Förderation kleinerer „Staaten", Gebiet dieser unbekannt
  - beherrscht von Königin Himiko (damals anderes Frauenbild)
  - „Priesterherrschaft"
  - zeremonielle Gegenstände in Gräbern
  - Ausgangspunkt für Zentralisierungsprozess
  - chinesischer Bericht aus dem 3. Jh.

Kofun jidai (300):
- große, einheitliche Grabhügel in Schlüssellochform, ohne diese Form auch Grabhügel in Korea
→ wahrscheinlich von den Japanern selbst entwickelt und nicht von anderen Kulturen übernommen, da erst ab dem 4. Jh. nachweislich Grabbeigaben vom Festland
- zahlreiche Grabbeigaben (Spiegel, Kronen, Edelsteinketten, Gegenstände vom Festland)
- Keramikgefäße mit Abbildungen (Ähnlichkeiten mit nomadischen Reitervölkern)

Yamato jidai (350):
- Stammeskämpfe, teilweise auch auf Korea
- Mythos: Amaterasu (Sonnengöttin), ihr Enkel Jimmu Tenno kam vom Himmel herab nach Kyūshū, führte die *tenson* (Sonnengeschlecht)-Gruppe nach Osten zur Eroberung der Yamato-Ebene
→ um 400 geeinte politische Struktur (Yamato-Hegemonie (Vorherrschaft des Sonnengeschlechts, Unterwerfung anderer Stämme, größtenteils nicht durch Gewalt, sondern Aussöhnung → Harmonie))
- Herrschaft von Adelsgeschlechtern/Stämmen (*uji*), Herrschaftsbegründung durch Urahnen (*ujigami*)
→ Herrschaftskonkurrenz, politischer Anführer = *ōkimi* (Großkönig), Tennöbegriff erst später
- aristokratische Machtbalance in Form einer militärischen Oligarchie (= Herrschaft Weniger)
- **3 Phasen:**
→ 1. 150 Jahre Aufstieg
→ 2. Höhepunkt im 5. Jh. mit Militäraktionen in Korea, großen Grabhügeln mit zahlreichen Beigaben, hoch entwickelten Bewässerungssystemen
→ 3. 6. Jh. Ausbau der Verwaltung (Schriftverbreitung, chinesische Studien über Regierungsformen, Bürokratie)
- starker Flüchtlingseinstrom im 5. und 6. Jh., Schriftgelehrte *fuhito*, Einführung des Buddhismus
→ Differenzen wegen Buddhismus (steht Herrschaftsbegründung durch *kami* im Wege), Spaltung der Yamato-Familie, 587 Sieg der Buddhismusanhänger Soga (Einwandererclan) über Mononobe

Asuka jidai (592):
- 592 Ermordung des Yamato-Führers Sushun durch Soga no Umako, Suiko wird Großkönigin
- Suiko verlegt Herrscher-Residenz in Asuka-Region im Nara-Becken
- militärische Auseinandersetzungen mit Korea
- endgültige Aufnahme des Buddhismus
- Wandel von Gesellschaft und Politik (Entstehung einer Hauptstadt)
- Yayoi bis Yamato Verbesserung der Reisproduktion, neue Herrschaftsstrukturen
- seit Asuka: Hochkultur nach chinesischem Vorbild (Religion: Taoismus, Buddhismus/ethische Lehre:
Konfuzianismus/Architektur: Hōryūji/Recht: Ritsuryō-Kodex)
- **7. Jh. = Jahrhundert der Reformen:**
   - Trends: 1. Aufbau einer mächtigen Staatsorganisation nach chinesischem Vorbild
             2. Übernahme chinesischer Kunst und Wissenschaft
   - 3 Wendepunkte: 1. 587 Machtübernahme durch die Soga – „Aufklärung"
                     2. 645 Putsch – große Reformen
                     3. 672 Bürgerkrieg – neue Führung
- Förderung des Buddhismus, 3 große Tempelanlagen mit Mönchen und Nonnen (Asuka-dera, Shitennō-ji,
Hōryū-ji)
- kulturelle Importe → Asuka-Aufklärung
- **Rolle der *kami*:** - enge Verbindung des Buddhismus zu eingewanderten Clans (ähnlich heimische *kami*)
                        - heimische Clans blieben Priester der *kami*-Verehrung
- Soga dominieren mehr als 50 Jahre, sind königliche Schwiegerfamilie *gaiseki* durch geschickte
Verheiratung ihrer Töchter mit *ōkimi* (z.B. Heirat von Großkönig Yōmei mit Suikos Schwester
→ Sohn: **Shōtoku Taishi**, der 593 zum Regenten wird (*ōkimi* bleibt aber Suiko)
- vermutliche Initiativen Shōtoku Taishis zur Stärkung des Yamato-Staates:
   1. Einführung von Hofrängen (603)
   2. Erlass der 17 Regierungsartikel
   3. diplomatischer Verkehr mit China
→ 17 Artikel (604):
- chinesischen Artikeln ähnlich
- Artikel 1-3 = ideologische Grundlage (1. „Harmonie oben und Freundlichkeit nach unten" (Gehorsam
des Konfuzianismus), 2. Annahme des Buddhismus, 3. Verbindung von Himmel und Kaiser, dem man
immer gehorchen muss)
- Artikel 4-17: konfuzianische, herrscherzentrierte Ideologie (bestimmt, wie Beamte dem Kaiser dienen)
- Versuch einer Vereinigung der *kami*-Verehrung mit Buddhismus (Soga-Widerstand bis 645)
- **Thronfolgestreit:**
   - 622 Tod von Shōtoku Taishi, 628 Tod von Suiko
   - Thronfolge durch Shōtoku Taishis Sohn Yamashiro wird durch Soga verhindert (treiben ihn in
   den Selbstmord)
   - 645 Ermordung Soga no Irukas
   - Triumvirat (Bund von 3 herrschenden Männern) wird eingesetzt
→ Taika-Reform: 1.1. 646 Vier-Artikel-Erlass
   - Abschaffung von Privatbesitz an Reisland
   - Rechte des Herrschers am Boden
   - Gründung einer permanenten Hauptstadt
   - Aufbau einer zentralen Verwaltung
   - Volkszählung und Bodenvermessung
   - systematische Besteuerung, Oberschicht als Beamte

- zentrale Macht durch Artikel gestärkt
    → Artikel 1: direkter Zugriff auf Land und Bevölkerung
    → Artikel 2-4: Übergang vom Clansystem zu Beamtenschaft nach chinesischem Vorbild
    → Zwischenstation zwischen 17 Regierungsartikeln (604) und Taihō-Kodex (701)
    → Stärkung kaiserlicher Autorität durch Ideologie (*kami*, Buddhismus, Konfuzianismus)
- **Bürgerkrieg:**
    → 671 Tod von Großkönig Tenji
    → 672 *Jinshin no ran* (Jinshin-Krieg)
    → 2 potentielle Nachfolger: Prinz Ōtomo und Temmu
    → Temmu erhält Unterstützung aus Nordost-Japan und legt die Grundlage für das Nara-Reich

Nara jidai (710):
- Temmu von 673-686 Kaiser
- Umwandlung der *uji*-Familien in Beamtenadel (*kuge*) (theoretisch) ohne Landbesitz
- Vorbild: chinesisches Kaisertum
- Spitze der Verwaltung: *Dajōkan*
- 66 Provinzen mit verwaltenden Gouverneuren (*Kokushi*)
- wachsende ideologische Rolle des Buddhismus
- Chroniken *Kojiki* und *Nihonshoki* (Geschichtswerke, größtenteils auf Chinesisch, aber mit japanischen Passagen, Kaiser Temmu wird als großer Held dargestellt → unrealistisch, aber älteste Geschichtswerke)
- **3 Etappen:**
    1. Sieg von Kaiser Temmu bis Vollendung des Yōrō-Kodex (Grundlagen der Herrschaft)
    2. 710 Hauptstadt Nara bis Einweihung des Rushana-Buddha 752 (Symbole der Herrschaft)
    3. 740 Rebellion des Fujiwara no Hirotsugu bis zur Verlegung der Hauptstadt (Kontrollverlust)
- **3 grundlegende Entscheidungen:**
    1. Armee mit allen Clans unter kaiserlichem Kommando
    2. Land und Volk unter priesterlicher Kaiserherrschaft
    3. Verwaltungssystem nach chinesischem Vorbild
- **neue Führungsorganisation:**
    - früher: Minister meist mächtige Klanführer
    - jetzt: keine Minister, nur Berater (*nagon*)
    - Schlüsselpositionen von Mitgliedern der Kaiserfamilie besetzt
→ **Aufbau eines Beamtenstaates:**
    - Vorbild: T'ang- China
    - 668 Vorbereitung eines Kodex für Verwaltungsrecht (*ryō*) unter *ōkimi* Tenji (nicht überliefert)
    - 689 Asuka-no-kiyomihara-Kodex
    - 701 **Taihō-Kodex** zum Straf- und Verwaltungsrecht (z.T. erhalten), unterteilt Gesellschaft in Kaiser und seine Familie, freie Untertanen (Beamte, Staatsbürger) und unfreie Untertanen
    - 718 Yōrō-Kodex (Straf- und Verwaltungsrecht)
→ **Verwaltungsstruktur:**
    - weltliche und geistliche Funktionen parallel
    - Dajōkan: Staatsrat mit Kanzler und je 1 Minister zur Linken und zur Rechten (8 Ministerien)
    - Jingikan: Rat für Angelegenheiten der *kami* (Entscheidung über Riten, Opfer, Priester)
→ **Stellung des Tennō:**
    - keine rechtlichen Einschränkungen, theoretisch Alleinherrscher
    - Regieren durch Edikte (*senmyō*)
    - 4 kaiserliche Ränge und 30 Hofränge (*kurai*), Familienmitglieder höchste Positionen

- **Hierarchie der *kami*:**
    - *kami* der kaiserlichen Familie an der Spitze aller *kami*-Klane
    - Sonnengöttin = oberster *kami*
    - Kaiser selbst als eine Art *kami*
    - Hierarchie von Priesterherrschern unter der Führung des Kaisers
    - Hierarchie der Schreine (kaiserlicher Schrein in Ise an der Spitze)
- **Integration der Clanführer:**
    - Beamte in der neuen Bürokratie (je nach Rang Amtszuordnung)
    - Priester in den hierarchisch geordneten Schreinen
    - Zeremonien in Clan-Schreinen stimmen mit denen des Kaiserhauses überein
    - → z.B. *Daijōsai*: Krönungsfest bei der Inthronisierung eines neuen Tennō seit 691
- **Buddhismus als Instrument:** Tempel als Institutionen des Tennō
    - 673 Bau des Takechi no Ōdera
    - 680 Bau des Yakushiji
    - 686 Unterstützung älterer Tempel, Ämter für Priester, die für den Staat beten
    - Aufstellung des 16 m hohen Rushana-Buddha im Tōdaiji (kaiserlicher Schrein)
- **Fujiwara-kyō:**
    - 694 Hauptstadt in chinesischem Stil (Vorbild: Lo-yang mit Nord-Süd- und Ost-West-Straßen)
    - Gebäude im chinesischen Stil mit Steinfundament und Ziegeldach
    - wesentlich kleiner als Nara

2. Phase der Nara-Zeit:
- 707 Tod von Mommu Tennō (ermordet?)
- Fujiwara no Fuhito beeinflusst Nachfolge (Kaiserin Gemmei, gefolgt von Fuhitos Enkel Shōmu Tennō
- Entdeckung von Kupfer in Musashi (708 Jahr Wadō, Geldwirtschaft und Bronzestatuen)
- neue Hauptstadt nach Mommus Wunsch (chinesische Regel: neuer männlicher Kaiser, neue Hauptstadt)
- → Regierung von Kaiserinnen nur vorläufig
- **Nara** (früher Heijō) = Hauptstadt von 710-781
    - 200 000 Einwohner
    - Parallelen zu Fujiwara-kyō, aber dreimal so groß
    - Nähe zu Flüssen als Verbindung zum Hafen Naniwa
- **Herrschaft des Fujiwara no Fuhito (= Shōmu Tennō, 708-720):**
    - Minister zur Rechten
    - Sohn einer Fujiwara, wird Kronprinz
    - Wirtschaftsentwicklung durch Kupfermünzen, Poststationen (*eki*), Kreditzinsbegrenzung usw.
    - 712 Unterwerfung der Ezo im Norden (nördliche Ureinwohner wehren sich gegen Herrscher-
    familien, bis 5. Jh. nur Hälfte des Landes erobert)
    - 717 Beginn der Erstellung des Yōrō-Kodex
- **Herrschaft des Prinzen Nagaya (721-729):**
    - Minister zur Rechten
    - Schlüsselpositionen an kaiserliche Prinzen vergeben
    - Selbstmord nach Komplottbeschuldigung und Gefangennahme durch Fujiwara no Umakai
- **4 Fujiwara-Brüder (729-737):**
    - Fujiwara-Tochter als Kōmyō Tennō
    - 4 Söhne Fujiwara no Fuhitos zu Posten im Dajōkan ernannt
    - Maßnahmen zur Stabilisierung der Herrschaft (z.B. Steuererleichterungen)
    - 735-737 Pocken-Epidemie → alle 4 Brüder und $^1/_3$ der Gesamtbevölkerung tot

- **Regierung des Tachibana no Moroe (737-749):**
    - Prinz Suzuka wird Großkanzler
    - Tachibana no Moroe wird Minister zur Rechten
    - 740 Aufstand des Fujiwara no Hirotsugu in Dazaifu
    - 749 Thronbesteigung von Kaiserin Kōken (Fujiwara-Tochter), Aufstieg Fujiwara no Nakamaros
- **neue Hauptstädte (741-745):**
    - 741 Kuni: Aufstand der Fujiwara nach Pocken-Epidemie
    - 745 Shigaraki: Gießen der Rushana-Statue, landesweiter Tempelbau
    - Naniwa (heutiges Ōsaka)
- **Buddhismusförderung:**
    - 749 *Tenpyō shohō* – Himmlischer Friede und siegreicher Buddhismus
    - 752 Tōdai-ji reich ausgestattet (Einweihung mit Kaiser Shōmu, 7000 Höflingen, 10 000 Mönchen, asiatischen Würdenträgern)
    - 754 Ganjin: chinesischer Mönch in Japan führt Weihen für die Kaiserin durch
    - 765 Saidaiji (Tempel in Nara)
    - 764 Dōkyō: Mönch mit Kaiserin Kōkens Gunst
- **4 mächtige Kaiserinnen:**
    - Gemmei (707-715) blockiert Kronprinzen, fördert ihre Tochter Genshō
    - Genshō (715-724) fördert Prinzen in hohen Ämtern
    - Kōmyō (724-748), Tochter von Fujiwara no Fuhito, Mutter von Kōken, fördert Fujiwara
    - Kōken (749-758) fördert Mönch Dōkyō nach langer Zeit im Schatten ihrer Mutter
    → mit dem Namen Shōtoku nochmals Kaiserin 764-770
- **Shōtoku gegen Fujiwara:**
    - Rolle japanischer Herrscher: 1. 645-770 Staatsregenten und Priester und 2. vor 645 und nach 770 nur oberste Priester
    - Kaiser von Temmu bis Kōken griffen u.a. durch Edikte (*senmyō*) direkt in Staatsgeschäfte ein
    - Fujiwara no Nakamaro wollte letzteres, Fujiwara einflussreich, aber ohne *gaiseki*-Status
    - Kampf der Fujiwara gegen die kaiserlichen Prinzen
    - Shōtoku entwickelt intime Beziehung zu Priester Dōkyō, regiert weitgehend selbst
    - Fujiwara ernennt Söhne zu Mitgliedern des Dajōkan
    - 764 Fujiwara no Nakamaro plant Staatsstreich, wird aber entdeckt und hingerichtet
    - Shōtoku ernennt Dōkyō zum buddhistischen König Hō-ō (eigentlich Titel für zurückgetretene Tennō im Kloster) und 764 zum Großkanzler, Diskussionen über mögliche Nachfolge als Kaiser
    - 770 Tod von Kaiserin Shōtoku, somit Dōkyōs Entmachtung
    - Thronfolge von Temmus Nachkommen wird von Fujiwara abgewehrt
    - Kammu (Nachfolger Tenjis) wird neuer Kaiser
    - 784 Verlegung der Hauptstadt (Ende der Nara-Zeit)

Leistungen der Nara-Zeit:
- Verwaltungsordnung und Steuersystem nach chinesischem Modell
- große buddhistische Tempel, z.B. Tōdai-ji
- kulturelle Errungenschaften (Musikinstrumente, Inneneinrichtungen)
- Geistesleben (zahlreiche Schriftzeugnisse, z.B. Nihon shoki (720), literarische Sammlungen)
- → **Gründe für die Leistungen:**
    - Reformen von 645
    - befürchtete Bedrohung durch China bewirkt Stärkung der Verteidigung der Inlandsee, innere Reformen, Unterstützung von Festlandsflüchtlingen, deren Ernennung auf hohe Posten

Heian jidai (794):

- **Kaiser Kammu** (781-806): starke Führerpersönlichkeit, geschickte Heiratsstrategie
  - Stärkung der Regierung durch Verarmung des Adels, kurzes Wiederaufleben unabhängiger Kaisermacht (für ca. 50 Jahre)
  - 794 neue Hauptstadt Heian (heutiges Kyōto), davor missglückter Hauptstadtversuch in Nagaoka
  - buddhistischen Klöstern wurde Umzug nach Heian verwehrt, um ihre Macht einzudämmen
  - neue Regierungsämter, um eigene Macht zu stärken (neues System kaiserlicher Räte, Archivarbüro mit Exekutivgewalt, kaiserliche Polizei, Inspektoren zur Kontrolle der Provinzen)
  - neue buddhistische Sekten, die sich aus Staatsgeschäften heraushielten
- **Probleme:**
  - sinkende Einnahmen durch Auflösung des Steuersystems und *shōen* mit Steuerbefreiung
  - Aufgabe der Vorstellungen des Taihō-Kodex von einem starken regierenden Kaiser
  - → Umschwung in der Lebensweise der Aristokratie
- **Aufstieg der Fujiwara:**
  - Kaiser wird in ehemalige Rolle der Yamato-Zeit zurückgedrängt: friedenstiftende Symbolfigur
  - adlige Familien festigen ihre Stellung in der Hauptstadt und in den Provinzen
  - ehemalige Landüberwachung wird durch privaten Grundbesitz (*shōen*) ersetzt
  - zentrale Regierung wird schwächer, stattdessen Militäraristokratie auf dem Land, Hofadel *kuge* in Heian lebt aber weiterhin im Überfluss
  - Fujiwara-Familie war vorher immer loyal dem Kaiser gegenüber
  - wachsende Fujiwara-Familie verheiratet Töchter geschickt mit kaiserlichen Familienmitgliedern
  - Rivalitäten innerhalb der Kaiserfamilie → Herabsetzung überzähliger Familienmitglieder, die neue Adelsfamilien bildeten, trotzdem Fujiwara ohne kaiserliche Abstammung mächtigste Familie
  - Verbannung Dōkyōs und Verlegung der Hauptstadt von Fujiwara angeregt
  - 857 Fujiwara no Yoshifusa wird Großkanzler, bringt 858 seinen unmündigen Enkel Seiwa auf den Kaiserthron, wird selbst Regent (*Sesshō*), auch nach Volljährigkeit seines Enkels weiter Regent (Regent eines volljährigen Kaisers = *Kampaku* seit Fujiwara-Oberhaupt Mototsune 884)
  - → vorher nie minderjähriger Kaiser und nic jemand anders als ein kaiserlicher Prinz
  - → Amtstitel *Sesshō-Kampaku* und Privileg, Gemahlinnen des Kaisers zu wählen für 200 Jahre
  - immer wieder Einsatz neuer Kindkaiser ohne politisches Verständnis, wenn der alte 25 Jahre alt wird (erzwungene Abdankung) → Machtsicherung der Regenten
- **Herrschaft der Fujiwara:**
  - Höhepunkt unter 30-jähriger Regentschaft von Fujiwara no Michinaga (Familienmitglieder in wichtigen Hofämtern, unter anderem 2 Töchter als Kaiserinnen)
  - Sippenherrschaft wie im alten *uji*-System
  - *Mandokoro* (Verwaltungsbehörde)
  - soziale und politische Hierarchie wieder identisch (wie vor der Taika-Reform)
  - Fujiwara-Oberhaupt: Richter und Vertreter der Familieninteressen, Vorsitz des Familienrats, Koordination der Tätigkeiten des *Mandokoro*, der Behörde für militärische Belange, des Berufungsgerichts
  - Bindung der Bauern an ihren Besitz, Umzugsverbot, Steuerfreiheit für Tempel und Hofadel
  - innerhalb der *shōen*-Hierarchien Rechte und Pflichten mit jeweiligen Besitzansprüchen, Ämter legen Verhältnis zwischen Eigentumsrechten und Einkommen fest, Land jetzt vererbbar, Aristokratie wird von *shōen*-Einnahmen abhängig
- *Insei*-**System als Gegeninitiative des Kaiserhauses:**
  - abgedankte Kaiser beeinflussen ihre Nachfolger, die bei ihnen und nicht bei den Fujiwara aufwachsen, regieren so durch sie und schwächen Fujiwara-Macht

Leistungen der Heian-Zeit:
- Übergang von Kaiserherrschaft zum Landadel, von Zentralverwaltung zum privaten Grundbesitz
- Entwicklung der Silbenschrift *kana*, Aufblühen aristokratischer Literatur
- Aufstieg und langsamer Untergang der Fujiwara durch schleichenden Übergang zum *Insei*

Kamakura jidai (1167):
- Kaiserhof wird immer unbedeutender
- Kriegerkarriere wird im Laufe der Jahre auch für Provinzadel erstrebenswert
→ Entstehung des Kriegeradels der Samurai (*bushi*), Aufstieg der unteren Militärschichten
- im Krieger verschmelzen zivile, militärische und richterliche Zuständigkeiten zu einer einzigen Macht
- Ausbreitung des *shōen*-Systems
- Feudalismus: militärischer Vorgesetzter (Feudalherr *tono*) und Gefolgsmann (Vasall *gokenin*), Gruppen nach Vertrauensprinzip (Vasall treu und loyal, Feudalherr gibt ihm dafür Land, kommt für ihn auf)
- militärische Macht ist auf ein bestimmtes beherrschtes Gebiet begrenzt → mehr Land = mehr Macht
- Fujiwara werden schwächer, Minamoto heiraten in ihre Familie ein
- Kriegerclans Taira und Minamoto etablieren sich durch militärische Bewährung während einiger Unruhen als mächtigste Familien, kommen für neue Regierung in Frage
- **Herrschaft der Taira (Taira-Hegemonie):**
    - Taira = Nachfolger von Kaiser Kammu
    - Aufstieg durch Ex-Kaiser Go-Shirakawa, Sitz in Rokuhara (auch Rokuhara jidai 1167-1185)
    - Taira no Kiyomori als erster Samurai Großkanzler, somit Verwalter der kaiserlichen Regierung
    → bringt Familienmitglieder durch Heirat in hohe Positionen, verheiratet seine Tochter mit Kaiser Takakura, zwingt ihn zur Abdankung, bringt 1180 dessen Sohn (seinen unmündigen Enkel) als Kaiser Antoku auf den Thron
    - Verdrängung des *Mandokoro* der Fujiwara
    - 1181 Tod von Taira no Kiyomori, langsamer Abstieg der Taira
- **1180-1185 Gempei-Krieg** zwischen Minamoto und Taira
    - 1185 Ende mit einer Seeschlacht, Taira werden vernichtet, Kaiser Antoku ertrinkt
    - Aufstieg von Minamoto no Yoritomo
    - Folge: Festigung der Herrschaft der *bushi*, 1. Militärhegemonie unter Minamoto no Yoritomo
- **Herrschaft der Minamoto:**
    - Minamoto no Yoritomo versucht nicht, den Hof zu durchdringen, sondern festigt seine Stellung durch Besetzung aller kaiserlichen Ämter auf dem Land (Militär- und Polizeivollmachten)
    → zuerst Aufbau einer seiner persönlichen Organisation, danach Anerkennung vom Hof
    → geht nicht nach Kyōto, um schneller aufzusteigen, sondern bleibt in der Kantō-Region
    - Yoritomo erhält Titel *shugo* (Militär-Gouverneur) und *jitō* (Landverwalter), die ihm militärische Vollmachten über Ländereien erteilen
    - 1192 Einrichtung des ersten Shōgunats von Minamoto no Yoritomo mit Hauptsitz in Kamakura
    → großer Reichtum durch hohen Hofrang, viele *shōen*, Eigentümer von 16 Provinzen
- **Kamakura-Shōgunat (*bakufu*):**
    - langsame Verlagerung des politischen und kulturellen Schwerpunktes von Kyōto nach Kamakura
    - 1221 Ex-Kaiser Go-Toba mobilisiert Truppen, um Shōgunat zu vernichten → niedergeschlagen
    → Shōgunat erhält weitere *shōen*, richtet Amt des Vertreters des Shōgun (*Tandai*) ein
    3 Behörden der höheren Shōgunatsverwaltung:
    → *Samurai-dokoro* (Samurai-Behörde) wird Militär- und Polizeihauptquartier
    → *Mandokoro* legt Regierungsrichtlinien fest
    → *Monchchūjo* (Untersuchungsbehörde) = Gericht

→ *Shikken* = Vorsitzender des Mandokoro, regiert für den Shōgun
- *jitō* treiben Geld für Shōgunat ein, erhalten selbst einen Teil der Landabgaben als Lohn
- 1198 Tod von Minamoto no Yoritomo, keine tauglichen Nachfolger
→ Machtkampf rivalisierender Vasallen um die Nachfolge
→ Yoritomos Witwe Hōjō no Masako und ihre Familie reißen die Macht an sich
- **Regentschaft der Hōjō:**
  - 1203 Masakos Vater wird *Shikken*, danach *Shikken* Regent über den Shōgun
  - Shōgun nur noch Fassade, hinter der Hōjō regierten
  - Familie aus dem Geschlecht der Taira
  - Familie besetzt nach und nach wichtige Ämter (z.B. Leitung des *Samurai-dokoro*)
  - 1225 Schaffung eines Staatsrates (*Hyōjōshū*): weiteres Instrument der Shōgunats-Überwachung
  - 1232 *Jōei*-Kodex (Sammlung von Verwaltungsgrundsätzen und -vorschriften zur Anleitung der *gokenin*, eine Art Feudalrecht)
  - 1274 Mongoleninvasion, aber durch *Kamikaze* („Götterwind", Sturm vor der Küste) starke Verluste auf Seiten der Mongolen, den Rest schlugen japanische Truppen an der Küste nieder
  - Mongolen schicken weiter Gesandte nach Japan, amtierender *Shikken* Hōjō no Tokimune lässt alle enthaupten
  - 1281 erneuter Mongoleneinfall, Tokimune ließ Mauer bauen (Eindringen ins Inland verhindert)
  → weiterer Sturm, die Mauer und gut ausgebildete Soldaten schlugen Mongolen nieder
- *bushi* verachten höfisches Leben als verweichlicht und kraftlos, Werte sind Loyalität, Ehre, Furchtlosigkeit, Genügsamkeit, führten Selbstmord durch *seppuku* wieder als ehrenhafte Art zu sterben ein
→ ab dem 17. Jh. *bushidō* (Weg des Kriegers) als erstrebenswerte Lebensweise
- sehr religiöse Zeit mit vielen buddhistischen Sekten und Klöstern
- Shōgunat vor allem mit Zen-Buddhismus verbunden, der sich aber aus Politik heraushielt
→ Hōjō beschäftigen Zen-Priester als Schreiber und Ratgeber, gehen nach Regierungszeit ins Kloster
- **zunehmende Streitigkeiten und Ende des Kamakura-Shōgunats:**
  - ab 1259 nicht mehr ältester Prinz neuer Kaiser → Entstehung zweier Kaiserdynastien („Nord- und Süd-Dynastie"), Thronfolgestreit, den Hōjō 1290 mit abwechselnder Thronfolge lösten
  - auch im Shōgunat Streit, da Vasallen des Shōgun Art der Hōjō, Macht an sich zu reißen missbilligten
  - *shugo*-Familien, wie die Ashikaga, haben große Anhängerschaft, wehren sich gegen Hōjō
  - Aufstände der Landbevölkerung gegen *jitō* und *shugo* und die diktatorische Politik des *bakufu*

Namboku jidai (1334):
- **gescheiterte Kemmu-Restauration:**
  - Kaiser Go-Daigo versucht kaiserliche Macht wiederzugewinnen
  → unternimmt Aufstand gegen Shōgunat, wird besiegt und verbannt, macht seinen Fall öffentlich, flieht und hat viele Anhänger (*akutō*: Piraten, Gruppen lokaler Krieger, die Probleme gewalttätig lösen), die die Hōjō stürzen wollen, darunter Ashikaga Takauji, der im Namen der Hōjō Rokuhara schützen soll, sich aber gegen sie wendet und Kyōto für Go-Daigō erobert
  - Go-Daigo will Wiederherstellung der Kaiserherrschaft, seine Unterstützer nur den Sturz der Hōjō
  → 1335 wendet sich der unzufriedene Ashikaga Takauji gegen Go-Daigo
→ 1331-1392 ständiger Thronfolgestreit zwischen der „Nord- und Süd-Dynastie" (Daikakuji- und Jimyōin-Linie)

Muromachi jidai (1392):

- **Ashikaga-Shōgunat:**
    - 1336 Ashikaga Takauji erobert Kyōto, wird 1338 Shōgun
    - kein Frieden wegen Thronfolgestreit
    - Ashikaga = Seitenlinie der kaiserlichen Familie
    - *bakufu* wird weiter ausgebaut
    - neuer Sitz des Shogunats in Kyōto, damit teilweise Annahme höfischer Kultur und Rituale
    - Shōgun regiert nun anerkanntermaßen im Namen des Kaisers, aber ohne dessen Mitsprache
    - kaiserliche Ländereien gehen zu einem Großteil in Shōgunatsbesitz über
    - Höflinge sind wegen schwindendem Besitz auf Barmherzigkeit der Krieger angewiesen
    - Ashikaga Yoshimitsu eint 1392 die konkurrierenden Kaiser-Dynastien, Süd-Dynastie kapituliert
    - → Frieden in Kyūshū
    - wichtigstes Amt im Shōgunat: *Kanrei* (Generalgouverneur, Stellvertreter des Shōgun)
    - *Samurai-dokoro, Mandokoro und Monchūjo* existieren weiterhin, aber neue Art „Gericht"
    Hikitsuke-shū
    - → wichtigste Ämter von *shugo* besetzt, die wichtigsten gehören zur Ashikaga-Familie
    - weiteres wichtiges Amt: Amt des Statthalters, den es in Kantō, Kyūshū und Nordjapan gibt
    - → Statthalter leiten dort jeweils eine Art eigenes *bakufu*
    - *shugo* werden immer mächtiger und unabhänger, weil sie Macht der *jitō* mit übernehmen, Vollmacht zur Landvermessung und Überwachung von Tempeln und Schreinen haben, Führer lokaler Militäreinheiten werden
    - → *shugo-daimyō*: regionale Regenten mit großem Grundbesitz, werden jedoch nicht von allen Familien auf dem Land akzeptiert, sind auf Unterstützung des Shōgunats angewiesen
    - → schließlich Untergang großer *shugo*-Geschlechter im 15. Jh.
    - Ashikaga-Shōgunat wird ständig vom Konflikt zwischen neuem Feudalsystem und alten zentralen System belastet, ist eine Übergangform zwischen beiden
    - Ashikaga Yoshimitsu schlägt mehrere *shugo*-Aufstände zurück, unternimmt Reisen durch ganz Japan, um seine Macht zur Schau zu stellen und zu festigen, übergibt 1394 das Amt des Shōgun seinem Sohn, um selbst als Großkanzler auch noch den höchsten Hofrang anzunehmen
    - → Aufhebung der Standesunterschiede, Yoshimitsu lädt Kaiser ein wie einen Gleichgestellten
    - → 1408 Tod Yoshimitsus
    - Nachfolger Yoshimitsus wurden durch steigende Macht der *Kanrei* (Statthalter) bedroht, zum Teil ermordet, Ashikaga waren Mitte des 15. Jh. ähnlich machtlos wie der Kaiser
- Verschmelzung der zivilen und militärischen Aristokratie
- noch mehr Zen-Priester als Ratgeber und Schriftgelehrte
- Bau des Gold- und Silberpavillons
- Entstehung des *Nō*-Theaters
- Wirtschaftsaufschwung durch erhöhte Produktion und Handel mit China, verbesserte Landwirtschaft, Entstehung von Handwerkergilden, Münzen als Zahlungsmittel

Sengoku jidai (1467): (*sengoku* = kämpfende Provinzen)
- **Ōnin-Krieg (1467-1477):**
    - Ashikaga Yoshimasa setzt wegen fehlendem Erben seinen Bruder als Nachfolger ein, bekommt aber dann einen Sohn und will stattdessen diesen einsetzen
    - → Streit um Nachfolge, *shugo* schließen sich jeweils einem der Brüder an → Bürgerkrieg (vor allem zwischen Yamana und Hosokawa), bei dem halb Kyōto zerstört wird
    - Fußsoldaten, Volksaufstände

- **Folgen:**
    - *shugo* kehren aufs Land zurück und regieren dort unabhängig vom Shōgunat, das seine Autorität völlig verloren hat, *shugo*-Familien zerfallen aber nach und nach und machen Daimyō Platz
    - → Ende der Ashikaga-Hegemonie, Beginn des dezentralisierten Feudalismus
    - Hosokawa führen Geschäfte des *bakufu* als *kanrei*
    - *bakufu* herrscht bis 1530 über Kyōto und Umgebung
    - durch Aufstieg der Daimyō zunehmende Dezentralisierung, Entstehung vieler autonomer Territorien
- **Aufstieg der Daimyō:**
    - Daimyō sind ehemalige Vasallen der *shugo*, jetzt Provinzfürsten, unmittelbare Herrscher über Territorien, *shōen* existieren nicht mehr, stattdessen Lehen
    - *sengoku-daimyō* = neue Gruppe von Kriegerfamilien mit lokaler Macht
    - Landbevölkerung in den Dörfern (*mura*) zahlt Abgaben
    - Burg als Zentrum des Daimyō-Gebiets, Dörfer in der Umgebung
    - Vasallen erhalten Lehen, leisten im Gegenzug Kriegsdienst
    - neue Vollmachten: systematischer Steuereinzug, Regelung von Märkten, Transportmitteln, Maßen und Gewichten, Anordnungen für Ehepartner und Erbfolge ihrer Vasallen, Macht über religiöse Institutionen
    - *bushi* als neue Offizierselite, die über Fußsoldaten steht, große Armeen in den Provinzen
- **Krise der 1560er Jahre:**
    - Daimyō vertreiben letzten *kanrei* Hosokawa Ujitsuna
    - Shōgun Ashikaga Yoshiteru wird ermordet, Nachfolger: Yoshihide
    - Ashikaga Yoshiaki ist sein Konkurrent, bittet Oda Nobunaga um Hilfe
    - 1568 Oda Nobunaga marschiert in Kyōto ein

Azuchi jidai (1568):
- **Oda Nobunaga:**
    - einer der 3 Reichseiniger
    - Oda = eine der führenden Daimyō-Familien
    - zuerst Eroberung seiner Provinz Owari. dann 1568 Eroberung Kyōtos im Namen des Kaisers Ōgimachi und Ashikaga Yoshiaki, der Shōgun wird, aber die Macht Nobunaga überlassen muss
    - lehnt Posten des *kanrei* ab, herrscht durch direkte militärische Macht
    - 1573 Ashikaga Yoshiaki fordert zum kampf gegen Nobunaga auf, verliert, flieht ins Exil
    - → Ende des Muromachi-Shōgunats
    - bis 1578 Erwerb der höchsten Hofränge
    - neues Steuersystem, Entwaffnung der Bauern (Grundlage für Krieger-Bauern-Trennung)
    - Bau seiner Burg in Azuchi, die sogar Feuerwaffen standhalten konnte
    - 1582 Angebot des Titel Shōgun → abgelehnt, um sich nicht dem Kaiser unterzuordnen
    - Kampf gegen Buddhismus und die regional unabhängige Ikkō-Sekte mit Verfolgung, Verbrennung, Kreuzigung, Niederbrennen buddhistischer Klöster zur Schwächung ihrer Macht
    - Kampf gegen Daimyō, Beginn ihrer schrittweisen Unterwerfung
    - militärisches Genie: Musketiere (Musketen aus Portugal übernommen), Fußsoldaten, breite Straßen, große gepanzerte Transportschiffe, bedeutendster General: Toyotomi Hideyoshi
    - Handel: Abschaffung der Zollstationen, freie Märkte, Gildenaufhebung
    - Herrschaft über Kinai (Region um Kyōto), Befriedung auch außerhalb Kinais
    - 1582 verräterischer General Akechi Mitsuhide erschlägt Nobunaga und seinen Sohn, Nachfolger: ein junger Enkel für der ein vierköpfiges Gremium regierte, darunter auch Toyotomi Hideyoshi

Momoyama jidai (1582):
- **Toyotomi Hideyoshi:**
    - Aufstieg vom Bauern bis zu Nobunagas wichtigstem General mit eigener Burg in Ōsaka
    - 1582 Rache für Nobunagas Tod, Hideyoshi tötet Akechi Mitsuhide
    - zunächst einer von 4 Regenten für Nobunagas Enkel, aber 1584 sein unbestrittener Nachfolger
    - ziviler Titel *Taikō*, da Hideyoshi aufgrund bürgerlicher Herkunft kein Shōgun werden kann
    - 1585 Adoption in die Fujiwara-Familie
    - Ernennung zum kaiserlichen Regenten *kampaku*, außerdem Großkanzler
    - 1586 Verheiratung seiner Tochter mit Tokugawa Ieyasu, Mutter als Geisel → Treueeid
    - friedliche Umverteilung der Ländereien, keine Kämpfe mehr
    - Zerstörung der Burgen eroberter Gebiete
    - erst Unterwerfung der Hōjō, dann Gebietsstreitigkeiten, Feldzug und Zerstörung ihrer Burg
    - Unterwerfung anderer Daimyō, Befriedung des ganzen Landes
    - Belagerungen von Burgen (Überflutung, Aushungern, Bergleute unter den Burgen)
    - Kooperation mit Kaufleuten und Schiffern
    - Geiselnahme von Daimyō-Familienmitgliedern, um sie zu unterwerfen, Residenzen für besonders mächtige Daimyō
    - 1585 Bündnis mit Tokugawa Ieyasu (Tokugawa = starke Daimyō-Familie)
    - 1586 Shimazu ignorieren Hideyoshis Befehl wegen seiner niederen Herkunft
    - 1588 Schwertjagd-Edikt: Konfiszierung aller Waffen in Bauernbesitz; Verbot der Piraterie
    - neues System der Landvermessung (*kenchi*), effektivere Besteuerung
    - *Heinō bunri*: Trennung von Bauern und Samurai (Bauern dürfen Land besitzen, zahlen Steuern, sind unbewaffnet; Samurai bilden das Heer, haben kein Land, aber erhalten Steuern)
    - → 1590 Drei-Klausel-Edikt: Verbot des Standeswechsels, Basis für späteres Ständesystem
    - diplomatische Kontrolle über Beziehung zu Europa und China
    - 1591 Abgabe der Regentschaft an Adoptivsohn Hidetsugu (Einheit von Kriegerführer und Regent in einer Person zerbricht, Hideyoshi befehligt weiter Heer, Hidetsugu regiert)
    - 1595 Ermordung Hidetsugus und seiner Familie
    - 1592 und 1597 Invasionen in Korea, um danach China zu erobern
    - *kōgi*: Regierung, die weder Kaiser noch Daimyō untersteht, Autorität des Shōgun
    - → Daimyō als Träger der Kriegerherrschaft, können versetzt werden (z.B. Versetzung der Tokugawa in entfernte Gebiete, wo sie weg von Hideyoshi und unter der Kontrolle seiner Verbündeten sind)
    - 1595 Regeln für die Daimyō: Heirat nur mit Erlaubnis, friedliche Konfliktregelung, Treueeid mit Blut unterschrieben
    - 1598 Bestimmung eines Nachfolgers (Hideyori) und eines Gremiums von 5 Männern, die für diesen regieren sollen, darunter Tokugawa Ieyasu
    - 1598 Tod Hideyoshis

Edo jidai (1600):
- **Aufstieg der Tokugawa:**
    - von *jitō* zu *Daimyō*
    - 1560 Allianz mit Oda Nobunaga
    - ursprünglich Matsudaira-Familie, aber 1566 Änderung des Familiennamens zu Tokugawa, um angebliche Abstammung von den Minamoto zu beweisen
    - 1582 erst Kämpfe gegen Toyotomi Hideyoshi, dann formelle Unterwerfung
    - 1590 Beförderung Tokugawa Ieyasus nach Edo, dort große Burg

- **Tokugawa-Dynastie:**
    - lange Friedenszeit
    - Ieyasu (1603-1605), Hidetada (1605-1623), Iemitsu (1623-1651): Begründer der wichtigsten politischen Institutionen
    - Ietsuna (1651-1680): Kind zur Zeit seiner Ernennung zum Shōgun, *fudai*-Daimyō (vererbbarer Daimyō-Titel) als Ratgeber
    - Tsunayoshi (1680-1709): adoptierter Sohn der Tatebayashi-Familie, Konfozianismus-Förderung, Einsatz eines Großkanzlers
    - Ienobu (1709-1712) und Ietsugu (1713-1716): Ienobus Berater: Arai Hakuseki
    - Yoshimune (1716-1745): Kyōhō-Reformen, Kalenderreform, holländische Studien
    - Ieshige (1745-1760) und Ieharu (1760-1786): schwache Gesundheit, Günstlinge als Berater
    - Ienari (1787-1837): Kansei-Reformen
    - Ieyoshi (1837-1853): Tempō-Reformen, Schwächung des *bakufu*
    - Iesada (1853-1858), Iemochi (1858-1866) und Keiki (1866-1867): überrollt von Landesöffnung
- Tokugawa haben Kontrolle über Tempel durch Vorarbeit Nobunagas und Hideyoshis, Landbesitz der Tempel wird reduziert, *Tera-uke*-System: alle Japaner müssen sich bei einem Tempel registrieren
- Daimyō-Hierarchie: *Shinpan* (mit Tokugawa verwandt), *Fudai* (erben Land der Tokugawa), *Tozama* (nicht mit Tokugawa verwandt)
- Konflikte werden nur durch *bakufu* gelöst, z.T. militärische Mittel, 1722 Oberstes Gericht *hyōjōsho*
- *baku-han*-System: dynamisches Spannungsverhältnis zwischen *bakufu* und *han* (= Daimyate)
- → zentrale Macht des Shōgun und lokale Macht der Daimyō, Daimyō unterstehen dem Shōgun
- → Gebiet des *bakufu* weitaus größer, wichtigste Städte innerhalb dieses Gebietes
- <u>Vier-Stände-System:</u> Samurai – Bauern – Handwerker – Kaufleute (*shi – nō – kō – shō*)
- Isolation Japans (Landesabschließung) aus Angst vor dem Christentum, Plan, Außenhandel zum Monopol zu machen, Bestreben nach innenpolitischer Stabilität
- → ab 1641 nur noch durch Hafen in Nagasaki Kontakt mit dem Ausland
- Kaufmannschicht wird als nutzlos betrachtet, Samurai sind aber in Wirklichkeit stark von ihr abhängig, da sie Waren vom Land liefert, die Reis-Geld-Tauschbörse darstellt, zahlreiche Darlehen verleiht (die fast nie zurückgezahlt werden) → unsichere Stellung, aber relativ hoher Wohlstand
- **Festigung um 1650:**
    - Kaiser isoliert und einflusslos in Kyōto
    - Shōgunat als Machtzentrum mit vielen Gesetzen und Angestellten in Edo
    - Daimyō mit Standes- und Amtssicherheit als Provinzverwalter
- **Berater:**
    - *Rōjū*: hochrangige *Fudai* als Berater des Shōgun, zuständig für Hof in Kyōto, alle Daimyō, Tempel, Außenpolitik, Steuern, Verteidigung usw.
    - *Wakadoshiyori*: *Fudai* von niedererem Rang, zuständig für interne Angelegenheiten (Militär, Vasallen *Hatamoto*)
    - *Sobayōnin*: Kanzler mit direktem Kontakt zum Shōgun, Möglichkeit, *Rōjū* zu umgehen
    - *Tairō*: unklare Funktion
- **andere wichtige Ämter:**
    - *Kyōto shoshidai*: Kontrolle des kaiserlichen Hofs
    - *Ōsaka jōdai*: Oberkommandeur in Westjapan, Burg in Ōsaka
    - *Metsuke*: Inspektoren
    - *Jisha bugyō*: Verwaltung religiöser Körperschaften und ihres Landes
- **Tokugawa Ieyasu (1603-1605):**
    - nach Hideyoshis Tod starke Position als einer der 5 Regenten für seinen Sohn Hideyori

- Stärkung der Familienposition durch Heiratsallianzen
- 1600 Umzug in die Burg Osaka
- Spaltung in Anhänger Hideyoshis (Westen) und Anhänger Ieyasus (Osten)
→ Sieg in der **Schlacht bei Sekigahara**, wegen schlechter Organisation der westlichen Allianz und Überlaufen der Kobayakawa
- Umverteilung von Daimyō und Ländereien, Verkleinerung des Toyotomi-Besitzes
- 1603 Ernennung zum Shōgun
- Ernennung zum Minister zur Rechten, Oberhaupt der Minamoto-Linie
- Toyotomi Hideyori wird innerer Minister mit ähnlichen Rechten wie Ieyasu
- 1605 Abdankung als Shōgun zugunsten seines Sohnes Tokugawa Hidetadas
→ Nachfolgesicherung zu Lebzeiten, somit Ausschaltung Hideyoris
- Hideyori kommt durch Volljährigkeit als *kampaku* in Frage, Ieyasu greift 1614 Burg in Osaka an, ist zunächst nicht erfolgreich → Abrüstungsabkommen mit Hideyori, an das er sich nicht hält, 1615 „Sommeroffensive" → Burg fällt, Hideyori begeht Selbstmord
- lange Lebensspanne und fähige Söhne, die seine Macht sichern konnten
- 1616 Tod, nach seinem Tod Schreinbau in Nikkō ihm zu Ehren
- **Tokugawa Hidetada (1605-1623):**
  - 1605 Shōgun
  - 1613 *kuge shohatto*, *buke shohatto* zur Kontrolle der Aristokratie und der Daimyō (sollen nicht abgeschafft werden, da sie für Regierung nötig sind)
  → *buke shohatto:* Treueeide, Heirat, Burgvergrößerung nur mit Genehmigung des Shōguns, Verbot für Daimyō, Hochseeschiffe zu bauen → Abbruch ihrer Handelsbeziehungen mit Europa, Verbot der Verbreitung des Christentums
  - tatsächliche Führung durch Ieyasu, Shōgun ist Schützer des Staates, betreibt Außenpolitik, Herr über alle Ländereien, Kontrolle aller untergebenen Gruppen (Höflinge, Priester, Krieger...)
  - kam zu spät zur Schlacht von Sekigahara → schlechte Figur gemacht, daher wenig Ansehen als Krieger nach Ieyasus Tod
  - durch Heiratsverbindungen Beziehung zum Hof, somit Kontrolle
  → Tochter heiratet Kaiser Go-Mizuno-ō, Tochter = Kaiserin Meishō
  - Besuch in Kyōto zur Demonstration seiner Legitimität und Macht
- **Tokugawa Iemitsu (1623-1651):**
  - Sohn Ieyasus
  - alle Vorschriften aus Edo gelten landesweit
  - *sankin kōtai:* Residenzen für Daimyō-Familien, Daimyō müssen regelmäßig Shōgun besuchen, leben abwechselnd in Edo und ihrem Daimyat
  - 1633 Inspektoren untersuchen Daimyate (Christen? Militär?) und deren Nachfolge
  - 1635 Edikt über Ausreiseverbot, Japaner im Ausland dürfen nicht zurückkehren
  - 1639 Vertreibung der Portugiesen aus Japan
- **Tokugawa Tsunayoshi (1680-1709):**
  - Nachfolger seines älteren Bruders Ietsuna, Sohn Iemitsus
  - entlässt Berater Sakai Tadakiyo (mächtigster Mann unter Ietsuna), persönliche Übernahme der Bürokratie → Traditionsbruch
  - Einsatz für den Tierschutz
  - Bürokratie nach Leistungskriterien, nicht nach bereits gewonnenem Ansehen
  - Schwächung der *Fudai* durch Aufhebung vieler Daimyate
  - Regierung durch Kanzler, nicht durch *Rōjū*

- Verwaltungsreformen: 1680 Hotta Masatoshi verwaltet imperialen Landbesitz, Inspektoren in der Finanzverwaltung, Reform der Lokalverwaltung (Entlassung von Landesverwaltern)

- **Tokugawa Ienobu (1709-1712):**
  - ähnlich wie Tsunayoshi Dominanz über Regierung
  - Unterstützung durch Arai Hakuseki und Manabe Akifusa
  - → **Arai Hakuseki:** Gelehrter des Konfuzianismus, Beamte sollen auf Beschwerden des Volks eingehen (wie Eltern auf Kinder), Volk soll Vertrauen in *bakufu* gewinnen, 1714 Finanzreform, Einschränkung des Handels mit China und Holland
  - → Probleme: weniger Einnahmen als Ausgaben, sinkende Steuereinnahmen durch sinkende Kontrolle über Bauern, Aufschwung des Handels (durch fehlende Kontrolle Gefahr für soziale Ordnung)

- **Tokugawa Yoshimune (1716-1745):**
  - Interesse an Bildung und Militär
  - Entlassung von Arai Hakuseki und Manabe Akifusa
  - respektvolles Verhalten den *Rōjū* gegenüber, aber keine neuen Ernennungen, daher „Aussterben"
  - direkte Gespräche mit Beamten von niederem Rang, Sammlung von Verbesserungsvorschlägen
  - 1723: *tashidaka*-System: zusätzliche Gehaltzahlungen bei Beförderung
  - stärkere Trennung von Militär und Zivilverwaltung, Aufwertung der Zivilverwaltung
  - Kyōhō-Reformen: extreme Sparsamkeit → Wirtschaftsstagnation, Rechtsreform (Zuordnung von Strafen zu Vergehen, Foltereinschränkungen, Strafmilderung), Initiativen zur Landgewinnung, einheitliche Besteuerung der Landwirtschaft → wieder mehr Einnahmen
  - wirtschaftliche Probleme: Hungersnöte, *bakufu* versteht Marktmechanismus nicht, Abwertung der Münzen, um Geldmenge im Umlauf zu erhöhen, Unzufriedenheit durch hohe Steuern
  - Bildung: Herausgabe eines Schulbuchs, Förderung von Schulen und Akademien mit dem Ziel Wissen aus Europa übernehmen zu können (durch Holländisch + chinesische Buchübersetzungen)

- **Tokugawa Ieshige (1745-1760):**
  - relativ schwacher Herrscher
  - strenge Behandlung der Daimyō
  - zunehmende Bauernaufstände

- **Tokugawa Ieharu (1760-1786):**
  - Tanuma Okitsugu als Hauptberater (sehr korrupt, nimmt öffentlich Bestechungsgelder an)
  - → Einschränkung des Geldverleihs, Ausbau von Minen, Exportpolitik, Versuch der Münz-standardisierung, Entwicklung von Hokkaidō, Abnahme der Fremdenfeindlichkeit

- **Tokugawa Ienari (1787-1837):**
  - engere Verbindung zwischen Tokugawa, Hof in Kyōto und Daimyō
  - Berufung und Entlassung von Matsudaira Sadanobu (regierte von 1787 bis 1793)
  - → wichtigster Berater Ende des 18. Jh.
  - Kansei-Reformen: Förderung militärischer Studien wegen Demoralisierung der Samurai, Prüfung von Beamten, Zensurmaßnahmen (besonders Pornografie), Rückführungsprogramme in verlassene Dörfer, Unterstützung und Überwachung schwangerer Frauen, Entlassung und Neuernennung lokaler Verwalter, Kaufleute aus Edo für die Finanzverwaltung, finanzielle Unterstützung von Armen, Einschränkung des Handels
  - → keine Lösung der Grundprobleme (Unruhen in der Landbevölkerung durch Hungersnöte), aber bleibender Effekt in Erziehung und Verwaltung (Schulgründungen und Alphabetisierung), wirtschaftliche Schwächung der Samurai
  - 1841 Tod, schon vorher Abdankung zugunsten Tokugawa Ieyoshis → Veränderungen, führende Regierungsmitglieder werden entlassen

- **Probleme:**
  - Unruhen auf dem Land: drastischer Anstieg von Bauernaufständen, auch überregional
  - Aufstände in den Städten: 1837 niederer Beamter Ōshio Heihachirō ruft Bauern zu Aufstand gegen Schloss Ōsaka auf, um mit der Beute Arme zu versorgen
  - Kritik an Regierung wegen Korruption, scharfer Zensur und Folterungen
  - → Reformvorschläge: Bestrafung der Beamten, Versetzung der Samurai aufs Land
- **Reformen des *bakufu*:**
  - Sparaufrufe, Eindämmung der Abwanderung
  - Auflösung und Verbot der Gilden und Monopole der Daimyō
  - Daimyō müssen produktives Land an *bakufu* übergeben
- **Mizuno Tadakuni:**
  - seit 1815 in Tokugawa-Diensten, *Rōjū*
  - korrupt und habgierig, kein Interesse an Militär
  - 1841 Vertreibung aller Ienari-Anhänger
  - Tempō-Reformen unter Ieyoshi: Entlassung vieler Daimyō, Buchzensur, erzwungene Staatsdarlehen von Kaufleuten, Rückführung der Bauern aufs Land
  - Förderung der *bakufu*-Interessen, Schwächung der Daimyō, mehr zentrale Kontrolle
  - 1845 aus seinen Ämtern entfernt
- **Ergebnisse und Folgen der Tempō-Reformen:**
  - Erhalt von Frieden und gewissem Wohlstand
  - Rückführung der Bauern wenig erfolgreich
  - kaum Kontrolle über Daimyō
  - Entstehung einer *bakufu*-kritischen Allianz über Standesgrenzen hinweg
  - Reaktivierung des Kaisers
- **Öffnung Japans (1853):**
  - Ankunft von William Perry mit einem Brief des amerikanischen Präsidenten Fillmore, Drohung bei Nichtzustellung
  - → Brief wird von Abe Masahiro auch an den Hof in Kyōto und Tokugawa-Vasallen geleitet
  - 1. nationaler Befehl des Hofs in der Edo-Zeit: Glocken zu Kanonenkugeln einschmelzen, Küstenwälle verstärken
  - 1858 Townsend Harris' Vorbereitung zu einem Handelsvertrag → Hotta Masayoshi (führender Berater im *bakufu*) reist nach Kyōto, um zuzustimmen
  - → Bitte um Zustimmung lehnt der Kaiser ab, will Ausländer vertreiben, aber *bakufu* weiß, dass das nicht funktionieren würde, deshalb trotzdem Unterzeichnung
- **Gründe für den Zusammenbruch des Tokugawa-Shōgunats:**
  - Bedeutungsverlust vieler Institutionen und Vorschriften bis zum 19. Jh.
  - unkontrollierbare Ereignisse (Mineneinbrüche, Hungersnöte, Krankheiten, Wirtschaftsmisere
  - kaum Trend zur Zentralisierung
  - Schwächung von Kontrollmöglichkeiten des *bakufu* (z.B. 1651 Zulassung von Sterbebettadoptionen der Daimyō, die sich so Nachfolger ihrer Wahl sichern)
  - Beschäftigung mit der Rolle des Kaisers → neue Ideologie: kaisertreu = gerecht, „*sonnō jōi*" („Verehrt den Kaiser, vertreibt die Barbaren"), Lockerung seiner Isolation
  - Streitigkeiten um die Nachfolge als Shōgun: Hitotsubayashi Keiki und Tokugawa Iemochi
  - → Regent des *bakufu* Ii Naosuke wählt Iemochi als neuen Shōgun, setzt Tokugawa Nariaki (Vater von Keiki) unter Hausarrest, weil er dem *bakufu* kritisch gegenübersteht, lässt auch andere *bakufu*-Gegner einsperren oder hinrichten (Ansei-Säuberungen), Ii Naosuke wird 1860 aus Rache von Anhängern Nariakis ermordet

- *bakufu* hat Vertrauen des Volks verloren, muss mit Kaiser zusammenarbeiten
- Loyalisten des Kaisers waren früher loyale Vasallen des *bakufu*, aber wechseln wegen Ansei-Säuberungen und Fremdenfeindlichkeit ins Lager des Kaisers (trotzdem Gewissenskonflikte wegen Loyalität dem Lehnsherrn und dem Kaiser gegenüber)
- Daimyō Satsuma und Chōshū sind militärisch mächtiger als Shōgunat
→ Verlierer von Sekigahara, verbünden sich gegen Tokugawa, schließen sich Kaiser an, beschießen Ausländer
- *kōbu gattai* („Hof-Daimyō-Koalition"): *Bunkyū*-Reformen (Rehabilitation aller Opfer der Ansei-Säuberungen, Bestrafung von Ii Naosukes Anhängern, Ii verlieren Rolle als Schützer Kyōtos, Einschränkung der regelmäßigen Besuche der Daimyō beim Shōgun, Verlagerung des Politikzentrums zurück nach Kyōto
- 1867 Kaiser Meiji kommt an die Macht, Keiki wird Shōgun (Reformversuch mit Hilfe der Franzosen, aber Kaisermacht nimmt überhand → Flucht nach Edo)
- Bürgerkrieg zwischen Kaiser- und Shōgunatsanhängern
- 1868 Abschaffung des Shōgunats, Übergabe der Stadt Edo an den Kaiser

Meiji jidai (1868):
- **Meiji-Restauration:**
    - Rückkehr zum alten Muster mit dem Kaiser an der Spitze als einzigen Regenten
    → durch Aufhebung der beiden verschiedenen Regierungsinstanzen nationale Einheit
    - Modernisierung durch westlichen Einfluss
    - Samurai aller Schichten (besonders aus Satsuma, Chōshū, Tosa und Hizen, welche als die vier wichtigsten *han* auch die Regierungskoalition bildeten) als führende Restauratoren
- **politische Ordnung:**
    - Machtzentrum in Tōkyō
    - Ōkubo aus Satsuma will mehr Zentralisierung, überredet die 4 wichtigsten *han*, ihre Ländereien dem Kaiser zu überschreiben → Beginn der *han*-Abschaffung, Daimyō (jetzt nur noch Gouverneure ihrer ehemaligen Daimyate) vom Kaiser ernannt → Umwandlung der *han* des *bakufu* und der Satsumas und Chōshūs in Präfekturen (*ken*), Entschädigungen für Daimyō, andere *han* wollen nicht sofort nachziehen → Problem nationaler Einheit, endgültige Abschaffung 1871
    - 1668 <u>Eides-Charta:</u> fünf Artikel als allgemeines Programm: beratendes Gremium, Zusammenarbeit aller Schichten, gerechte Gesetze, Stärkung der kaiserlichen Herrschaft, Streben nach Wissen in der ganzen Welt
    → Abgrenzung zum *bakufu*, Widerstand gegen kaiserliche Erlässe = Majestätsbeleidigung
    - Rückkehr zur Staatsorganisation des 7. und 8. Jh. nach chinesischem Vorbild (Beamtenhierarchie mit Kaiser an der Spitze)
    - <u>Aufgaben des Kaisers:</u> öffentliches Erscheinen, Empfänge für ausländische Gesandte, Unterzeichnung von Erlassen, Vergabe von Orden und Geschenken → repräsentative Rolle
    - „kaiserliches Konzil": *Sōsai* (kaiserlicher Prinz als Präsident), *Gijō* (Höflinge und wichtige Daimyō), *Sanyo* (Höflinge und Samurai von niederem Rang)
    - Februar 1868: 42 Ministerien (Daimyō verwalten Präfekturen)
    - Juni 1868: 5 Ministerien, geleitet von *Gijō* und *Sanyo*
    - 1869 Einrichtung des Dajōkan (Kabinett, oberste Regierungsbehörde) mit 6 Ministerien
    - 1873 Militärreform: Wehrpflichtarmee, 3 Jahre aktiver Dienst, 4 Jahre Reserve, keine Standesunterschiede, Armee untersteht direkt dem Kaiser, 1878 Generalstab nach deutschem Vorbild, Offiziersschulen nach deutschem Vorbild
    - 1873 Steuerreform

- Samuraiunterhalt: wegen hoher Steuerausgaben Umwandlung in Einmalzahlungen
- Innenministerium: Ōkubo Toshimichi als erster Innenminister, viele Befugnisse: Kontrolle über Gouverneure als Verwaltungschefs der Präfekturen, Straßenbau, Post etc.
- 1882 Rechtskodex nach französischem Vorbild mit deutschen Einflüssen
- 1884 Edikt zum Adel: sowohl Personen besonderer Abstammung als auch Personen, die die Meiji-Restauration herbeigeführt haben, neue Titel nach westlichem Vorbild (Graf, Marquis...), Adel bildet im Kabinett von 1885 das Oberhaus
- 1885 Kabinettsystem (naikaku) mit Premierminister an der Spitze (1. Itō Hirobumi), Kaiser nicht im Kabinett und somit außerhalb der Politik
- seit 1886 Prüfungen für Beamte (weg von Stände-, hin zu Bildungselite, außer Kaiser und Adel)
- Forderung nach Verfassung, Streit um Modell
→ Itō Hirobumi will preußisches Modell, Hermann Roesler als Berater, Itō reist nach Europa, lässt sich von Gneist und Stein beraten → 1888 Verfassungsentwurf
- 1889 Verkündung **Meijiverfassung**: Kaiser ist unantastbarer Souverän, Gesetzgeber mit Zustimmung des Reichstags, Oberbefehlshaber der Armee, Rechte des Kaisers auf Regierungsinstitutionen aufgeteilt, überparteiliche Regierung, Staatsorgane kontrollieren sich gegenseitig, sind alle dem Kaiser verantwortlich → Gewaltenteilung, Machtbalance
- Aufhebung der Standesunterschiede, Abschaffung der Samuraiklasse, freie Berufswahl für alle, jeder darf einen Familiennamen tragen
- **Meiji-Opposition:**
  - Proteste gegen die Grundsteuer: Dorfvorsteher leiten Proteste ein, Steuer niedriger als in der Edo-Zeit, deswegen nicht viele Aufständische, aber Unzufriedenheit mit Einzelentscheiden, die arme Bauern benachteiligen, geordnete, lokale Aufstände mit Konfliktlösung durch Kompromisse (Reduktion der Steuer bei Ernteausfällen)
  - Proteste gegen die Wehrpflicht: Frustration durch Reformen (z.B. Haarschnitt, Pflichtschule), keine öffentliche Diskussion des Gesetzes, „Blutsteuer" falsch verstanden (denken, ihr Blut wird ins Ausland verkauft)
  - Samurai-Aufstände: Samurai wollen Regierung umstürzen, da sie durch die Aufhebung der Stände und die Wehrpflicht ihren Status verloren haben, kaum noch Lebensunterhalt bezahlt bekommen und sich eine neue Arbeit suchen müssen (bei vielen sozialer Abstieg bis zum Bettler)
  - Differenzen innerhalb der Regierung: Frage nach Modernisierungsgrad, Koreainvasion ja/nein?
  - Aufstand in Satsuma: Führung: Saigō Takamori, der aus Protest gegen den Nichtangriff Koreas aus der Regierung austrat, Aufbau einer regierungsfeindlichen Armee aus Samurai und Opfern der Steuerreform, Belagerung der Burg von Kumamoto → Heer der Regierung schlägt Aufstand nieder, da Saigō Takamori nicht gut bewaffnet ist und aufständische Bauern in anderen Gebieten, die ihm hätten helfen können, ignoriert
  - Bürgerrechtsbewegung: Organisation einer Kampagne für ein Parlament durch Itagaki Taisuke und Gotō Shōjirō, Entstehung lokaler Gruppen, 1880 Erlass über öffentliche Versammlungen (dürfen bei Gefährdung der öffentlichen Ordnung abgebrochen werden), nationale Parteigründung (Jiyutō – Liberale Partei), Demonstrationen und Reden über politische Meinungsfreiheit, Ende: Selbstauflösung der Jiyutō, aber Durchsetzung eines Parlaments
→ durch die starke Persönlichkeit Kaiser Meijis, westlichen Einfluss, schnelle Modernisierung, problemlose Niederschläge von Aufständen und gewonnene Kriege gegen China und Russland durch neue militärische Stärke zu Beginn des 20. Jh. Weltmacht

Taishō jidai (1912) bis Shōwa jidai (1926):

- **Parteienkabinette (Kabinett, das nur aus Parteimitgliedern besteht):**
    - Ablehnung von Parteieneinfluss und Volkssouveränität, trotzdem 1880 Entstehung von Parteien
    - Parlament besteht aus Regierungsgegnern, blockiert Gesetze → Versuche des Kabinetts, Allianzen mit den Parteien zu bilden (scheitern)
    - Gründung einer Pro-Regierungspartei (Kenseitō)
    - Ōkuma-Itagaki-Kabinett = fast Parteienkabinett, aber wegen interner Streitigkeiten Zusammenbruch nach 4 Monaten
    - Vereinigung von Premierminister Itō und Hoshi (Führer der Jiyutō) zur Rikken Seiyūkai (dominante Partei für 20 Jahre) → Kontrolle über das Unterhaus, Itōs Nachfolger = Hara
    - Yamagata-Fraktion im Oberhaus, Repräsentant: Katsura
    - <u>Bedingungen für Parteienregierung:</u> Dominanz des Unter- über das Oberhaus, Minobes Auslegung der Verfassung, dass der Kaiser im Willen des Volkes handeln sollte, Neutralisation des Kabinetts, Verbindung zwischen den Parteien und den Gewalten
    → Bauprojekte, um lokale Unterstützer anzuwerben
    → Schwächung der Yamagata-Fraktion durch Abschaffung der Verwaltungseinheiten *gun*
    → 1918 Ernennung Haras zum Premierminister, Ermordung 1921
    - 1924 Kabinett ganz aus Mitgliedern des Oberhauses
    - 1925 Wahlrecht für Männer ab 25
    - 1926 Eintritt in den Völkerbund
    - 1928 Unterzeichnung des Briand-Kellog-Pakts zur Ächtung des Krieges
    - 1924-1933 6 Parteienkabinette, alle Premierminister Präsidenten von Parteien, 2 aus Unterhaus
    → **Gegenbewegung ab 1935:**
    - Verfassungstheorie als Waffe gegen Parteienkabinette
    - Verbot von Minobes Büchern
    → **Fazit:**
    - *hanbatsu* (vorherrschende Gruppen aus Satsuma und Chōshū, meist aus dem Oberhaus) können Parlament und Parteien nicht kontrollieren, müssen mit ihnen zusammenarbeiten, werden gezwungenermaßen z. T. Mitglieder
    - Parteien absorbieren unzufriedene Gruppen, schließen Allianzen mit Bürokratie, Adel, Militär, rekrutieren Mitglieder aus diesen Gruppen, um sich Einfluss zu sichern
- **Weg bis zum Krieg im Pazifik:**
    - 1929-1931 Kabinett Hamaguchi Osachi
    - 1931 Eroberungsfeldzug in Nordost-China (Mandschurei), dort Entstehung des „Kaiser-reiches" Manchukuo, große Städte und Planwirtschaft, soll als Versorger auf dem Festland dienen
    - Rüstungsbegrenzung → Kritik wegen Gefahr für die nationale Sicherheit (Bedrohung durch Russland und China, Abkommen mit England zur Marinebegrenzung)
    - Probleme in der Wirtschaftspolitik: Sparpolitik der Regierung, Wirtschaftskrise, Armut auf dem Land im Gegensatz zum Reichtum der Wirtschaftselite, Ruf nach mehr Mitsprache des Militärs
    - 1932 Anschläge auf Finanzminister Inoue und Industriellen Dan Takuma, Ermordung des Kabinettführers Inukai Tsuyoshi, im neuen Kabinett großer Einfluss von Marine und Militär
    → Kabinett Saitō Makoto: Admiral = Ende der Parteienkabinette, „Regierung der nationalen Einheit", Unterstützung durch Parteien, die dadurch hoffen, wieder an die Macht zu kommen
    - 1933 Austritt aus dem Völkerbund → Entfremdung vom Westen
    - ab 1933 alle Aspekte des nationalen Lebens als Gegenstand der Kriegsvorbereitung, UdSSR, China, England , Amerika als potenzielle Gegner, Diplomatie mit Militär

- neue Super-Ämter über Ministeriengrenzen hinweg (z.B. Untersuchungsbüro des Kabinetts aus Militär- und Zivilverwaltung) → Armee hat Einfluss auf Verwaltungsfragen
- Ansehensverlust der Parteien als „Bremser" von Sozial- und Wirtschaftsreformen, Ermordung zahlreicher Parteiführer
- bis 1936 Rückzug aus Londoner und Washingtoner Verträgen, Isolation
- Politik der autonomen Verteidigung: Ausbau militärischer Produktion, Spannungen zwischen Reformen und denen, die Status Quo beibehalten wollen → Parteien als Vermittler nutzlos, stattdessen Hof und Adel, 1941 kein Parteienvertreter mehr im Kabinett
- 26.2.1936 junge Offiziere besetzen Parlament, Polizeihauptquartier und Armeeministerium, ermorden prominente Politiker, Niederschlagung erst nach kaiserlichem Befehl, Rücktritt des Kabinetts
- Kabinett Hirota Kōki: Übergang zum Verteidigungsstaat durch massive militärischen Einfluss
- Kabinett Hayashi Senjūrō: General, 5-Jahres-Plan: Rüstung als höchstes politisches Ziel, Kompromisse zwischen Wirtschaft und Militär
- 1937 Krieg gegen China wegen der Mandschurei, Dezember Nanking-Massaker
→ Folgen: zunächst Einigkeit und Mobilisierung zum Krieg, später Krieg als wirtschaftliche Belastung, Forderung nach einer diktatorischen Einheitspartei
- Kabinett Konoe Fumimaro: Umsetzung des 5-Jahres-Plans, fast 200 Beschlüsse, Druck auf Parteien → neue Parteigründungen
- Kabinette Hiranuma, Abe und Yonai: Entscheidung einer militärischen Allianz mit Deutschland, aber Hitler-Stalin-Pakt verhindert Umsetzung
- 1940 Unterzeichnung des 3-Mächte-Pakts mit Deutschland und Italien (gegenseitige militärische Unterstützung)
- Inoues Idee einer neuen Partei aus mehreren bestehenden Parteien zur Stärkung des Kaisers
→ Selbstauflösung der Parteien, 1940 Konoe: Gründung der „Organisation zur Unterstützung der kaiserlichen Herrschaft", Erhalt fast aller Meijiinstitutionen, Entfernung von Reformwilligen aus der Regierung
- 1941 Konoe verhandelt mit USA, um Krieg zu vermeiden, aber durch Bedingungen der USA Rückzug; Parlament ist überzeugt, Krieg zu gewinnen, Rücktritt Konoes
- Kabinett Tōjō: Dezember 1941 Angriff auf Pearl Harbor wegen fehlender Lösung des Öllieferungsproblems → japanischer Kriegseintritt
→ 6. und 9. August 1945 Rache mit Atombomben auf Hiroshima und Nagasaki

Wichtige Tennō nach Epochen:
- 1. Kaiser Jimmu, angebliche Abstammung von Sonnengöttin Amaterasu

Asuka:		Meiji:	
- Sushun	587-592	Meiji	1867-1912
- Suiko	592-628		
- Tenji	661-672		
- Temmu	672-686		
Nara:			
- Gemmei	707-715		
- Genshō	715-724		
- Kōmyō	724-748 (Frau von Kaiser Shōmu)		
- Kōken/Shōtoku	749-758/764-770		
Heian:			
- Kammu	781-806		

- *buke shohatto*	Gesetze Tokugawa Hidetadas zur Kontrolle der Daimyō
- *bushidō*	Weg des Kriegers
- *Daijōsai*	Krönungsfest seit 691
- *Dajōkan*	zentrales Verwaltungsamt der Nara-Zeit, Regierungskabinett
- *Daimyō*	Provinzfürst
- *eki*	Poststation der Nara-Zeit
- *Fudai*	Daimyō, die das Land der Tokugawa erben
- *fuhito*	Schriftgelehrter
- *gaiseki*	kaiserliche Schwiegerfamilie
- *gokenin*	Hausdiener des Shōgunats, niedere Samurai, Vasallen
- *han*	Daimyat
- *Hatamoto*	Vasallen des Shōgun
- *Hikitsuke-shū*	Recht sprechende Körperschaft im Ashikaga-Shōgunat
- *hyōjōsho*	Oberstes Gericht der Tokugawa
- *Insei*	abgedankte Kaiser regieren durch Einflussnahme auf ihre Nachfolgen
- *Jingikan*	Gegenstück zum Dajōkan, geistliche Angelegenheiten
- *jitō*	Verwalter von Landbesitz in der Kamakura-Zeit
- *Kamikaze*	„Götterwind", Sturm, der die Mongolen von Japan fernhielt
- *Kampaku*	Regent eines volljährigen Kaisers
- *Kanrei*	Generalgouverneur, Stellvertreter des Shōgun
- *ken*	Präfektur
- *kenchi*	neues Landvermessungssystem Toyotomi Hideyoshis
- *Kisaki*	Ehefrau des Tennō, höchste Frau in seinem Harem, ggf. seine Nachfolgerin
- *kōgi*	Regierung Toyotomi Hideyoshis, Autorität des Shōgun
- *Kokushi*	Gouverneur zur Provinzverwaltung in der Nara-Zeit
- *kuge*	Beamtenadel
- *kuge shohatto*	Gesetze Tokugawa Hidetadas zur Kontrolle von Kaiser und Aristokratie
- *kural*	Hofränge
- *Mandokoro*	Verwaltungsbehörde der Fujiwara
- *Monchūjo*	Untersuchungsbehörde (Gericht des Shōgunats)
- *nagon*	kaiserliche Berater der Nara-Zeit
- *naikaku*	Kabinettsystem
- *ōkimi*	Großkönig (politischer Führer der Yamato-Periode)
- *Samurai-dokoro*	Samurai-Behörde für Militär- und Polizeiangelegenheiten
- *sankin kōtai*	Vorschrift für Daimyō, sich regelmäßig beim Shōgun zu melden
- *senmyō*	kaiserliches Edikt
- *Sesshō*	Regent eines minderjährigen Kaisers
- *Shikken*	Vorsitzender des Mandokoro
- *Shinpan*	mit Tokugawa verwandte Daimyō
- *shōen*	privater Landbesitz der Heian-Zeit
- *shugo*	Militär-Gouverneur
- *Taikō*	ziviler Titel, wenn man aufgrund der Herkunft nicht Shōgun werden darf
- *Tandai*	Vertreter des Shōgun
- *tenson*	Sonnengeschlecht
- *tono*	Vasall
- *Tozama*	nicht mit Tokugawa verwandte Daimyō
- *uji/ujigami*	adlige Stämme der Yamato-Periode/ihre Urahnen